# विरोहण

सरवन कोरी

Made with ❤ on the Notion Press Platform
www.notionpress.com

*माँ, पिता, परिवार, और दोस्तों के नाम*
*हर क़िस्म के प्रेम के नाम*

“तुम्हारे” नाम।

# अनुक्रम

**गीत**

# लेखक की कलम से

बचपन में जब कोई मुझसे पूछता कि बड़े होकर तुम क्या बनोंगे? तो मैं अक्सर कहता- "मैं तो बहुत बड़ा आदमी बनूँगा, इतना कि मेरा नाम किताबों में आएगा।" तब दुनिया की इतनी ही समझ थी मुझे, कि आपका नाम अगर किताबों में आता है, तो इसका मतलब आप बहुत बड़े आदमी है। कविताओं से मेरा परिचय मेरी माँ ने कराया। हम जब भी अंताक्षरी खेलते, तो मैं और मेरी बहन फ़िल्मी गाने गाते। और मेरी माँ उसके जवाब में कविताओं की पंक्तियाँ सुनाती। उसे इतनी कविताएँ कंठस्थ थी कि हम शायद ही कभी उससे जीत पाते। मुझे याद है, मेरी आँखें चमक जाती थी उन कविताओं को सुनकर।

"*माँ कह एक कहानी।*" - मैथलीशरण गुप्त

"*यह कदंब का पेड़ अगर माँ होता यमुना तीरे*

*मैं भी उस पर बैठ कन्हैया बनता धीरे-धीरे।*"- सुभद्राकुमारी चौहान

"*मैं तो वही खिलौना लूँगा मचल गया दीना का लाल*

*खेल रहा था जिसको लेकर राजकुमार उछाल-उछाल।*"- सियारामशरण गुप्त

जैसी कविताएँ हमेशा मेरे बहुत करीब रहीं। इन कविताओं के साथ मेरा सम्बन्ध बहुत पहले बन गया। और इनके लेखकों, साहित्य के संसार में उनकी उपस्थिति को मैंने बहुत बाद में जाना। यही कारण है कि आज भी किसी कविता के पास जाना, मेरे लिए माँ की गोद में लौट जाना होता है। जब आपके आस-पास की सारी दुनिया उजड़ रही हो, माँ की गोद में लौटना, हमेशा ही सुकून देता है। इच्छा देती है, सो जाने की। नींद सारी त्रासदियों को माफ़ कर देती है, और उम्मीद तलाशती है अगली सुबह में। भले ही वो वहाँ न हो। कविता मेरे लिए ऐसे ही एक नींद की तरह है।

सच कहूँ तो मुझे आजतक नहीं समझ में आया कि वह क्या गुण है जो कविता को मेरे लिए इतना प्रभावशाली बनाती है। पर बहुत सोचने पर एक किस्सा जरूर याद आता है-

मैं छठवीं-सातवीं क्लास में था (चूंकि अब बहुत कम ही लोग कक्षा में पढ़ते हैं)। रोज़ाना स्कूल-बस से ही स्कूल जाता और ट्यूशन पढ़ते हुए, उसी बस से लौट आता। एक लड़की थी, जो अक्सर उसी बस से जाया करती थी। वैसे तो हमारी कभी बात नहीं होती थी, पर चूंकि हम एक ही ट्यूशन और स्कूल में पढ़ते थे, तो एक दूसरे से परिचित थे।

वो पढ़ने में बस ठीक थी, पर व्यवस्थित थी। मैं तब तेज़ माना जाता था, तर्क-वितर्क को हमेशा तैयार। पर उतना ही अव्यवस्थित भी। उठने-बैठने, बोलने का कोई सलीक़ा नहीं था मुझमें। मैं बहुत जल्दी-जल्दी बोलता, पूरी कोशिश रहती कि कम समय में ज्यादा से ज्यादा बात बोल दूँ। वह इसके उलट थी। हम जब बस से आते तो रास्ते में जितने भी मंदिर-मस्जिद दिखाई पड़ते, सब के आगे अपना सिर झुकाते। कुछ हाथ जोड़कर, तो कुछ चर्च में ईश्वर की प्रार्थना करने के अंदाज में (जो फिल्मों की वजह से काफ़ी प्रचलित हो चुका था)। मैं भी उसी अंदाज में सभी जगहों पर नमस्ते करता। बस एक अंतर के साथ। चूँकि मैं बै-हत्था (बायें हाथ से लिखने व अधिकतर काम करने वाला) था, इसलिए ईश्वर से सलाम-नमस्ते बायें हाथ से ही करता। ऐसा नहीं था कि दाहिने हाथ से नहीं कर सकता था, बस यह कि बहुत तलाशने के बाद भी ऐसा कोई तर्क मुझे नहीं मिल सका था, जो उस काम के लिए एक हाथ को दूसरे हाथ की तुलना में अधिक योग्य ठहरा सके। और फिर ऐसी स्थिति में समाज से विरोध/विद्रोह करने का जो आनंद होता है, उसके क्या ही कहने।

तो एक दिन ऐसे ही स्कूल से आते हुए, मैं रास्ते में पड़ रहे मंदिरों पर अपने ही तरीके से दुआ-सलाम कर रहा था कि उसने अचानक से मुझे टोका-

*बायें हाथ से नहीं करते!*

*क्यों? मैंने कहा।*

*क्योंकि गंदा होता है!*

*गंदा कैसे होता है?*

मैं कई बार इस सवाल से होकर गुजर चुका था। इसलिए अपने सारे तर्कों के साथ पहले से ही तैयार था। कि ईश्वर ने पूरा का पूरा हमें बनाया, सारी दुनिया बनाई, वह इतना वृहत् है! तो क्या सिर्फ इसलिए कि शौच के बाद एक हाथ का इस्तेमाल सफाई के लिए होता है, ईश्वर उसे गंदा मानेगा? जैसे वक्तव्य मैंने मन ही मन तैयार कर लिये थे। कि उसके बोलने पर तुरन्त ही जवाब के तौर पर बोल सकूँ। मैं काफ़ी उत्साहित हो चुका था, संभावित वाद-प्रतिवाद की लंबी श्रृंखला के बारे में सोचकर। वह मुझे जानती थी, मेरी बहस करने की क्षमता को जानती थी। उसे उस दिशा में जाने में कोई दिलचस्पी नहीं थी। उसने बड़े परेशान व फ़िक्र के भाव से कहा -

*"अब तुम्हें मैं कैसे समझाऊँ!"*

उसकी आँखों में मुझे समझा लेने जितने तर्क के न होने का अफ़सोस, मैं साफ़ देख सकता था। हम दोनों ने फिर कुछ नहीं कहा, थोड़े ही देर में उसका स्टॉप आ गया, और वह उतर कर चली गयी। उसकी यह आखरी याद है मेरे पास। क्योंकि कुछ ही दिनों में उसका स्कूल, ट्यूशन और बस से आना भी बंद हो गया। मैंने किसी से पूछने की कोशिश भी नहीं की, और मन ही मन मान लिया कि उसने स्कूल बदल लिया होगा, या शायद पूरा शहर।

आज भी मेरे पास हाथ बदल कर ईश्वर से वंदना करने के पक्ष में एक भी तर्क नहीं है। आज भी मैं अपने पुराने तर्कों के साथ पूरी तरह से सहमत हूँ। बस यह कि अब जब भी मेरा ईश्वर से दुआ-सलाम करने का जी करता है, तो सीधे हाथ से कर लेता हूँ।

लेखक की कलम से

मैं आज जब सोचता हूँ तो पाता हूं कि कविता उस लड़की के निःस्वार्थ फ़िक्र में थी। वह किसी भी स्तर पर किसी धर्म को बचाने का प्रयास नहीं कर रही थी। उसने अपनी सीमित समझ के साथ ही सही पर जो कुछ कहा, मेरी ख़ातिर कहा। और कविता भी मेरे लिए अक्सर ऐसा ही करती रही है। बिल्कुल निःस्वार्थ व छलरहित भाव से बोला गया मामूली शब्द, रोदन, उपदेश, समझ, ख़ुशी, सब मुझे अद्भुत कविता जान पड़ती है। और कविता तो अपने-आप में एक स्तर ऊपर की चीज़ है। ऐसा इसलिए कि वह जितना कहती है, उससे कहीं ज्यादा नहीं कहती। रख लेती है अपने भीतर, ढ़ेर सारा, किस उम्मीद में? मुझे नहीं पता! इतना पता है कि वह चीखती नहीं है, चिल्लाती भी नहीं है। तमाशा नहीं करती कविता किसी भी प्रकार का। पर बावजूद उसके, जो कचोट, चिन्तन, शोर, विद्रोह, क्रांति और आकर्षण की क्षमता एक कविता के पास होती है, शायद ही वह कहीं और होती हो।

मैं साफ़ करते चलूँ कि यह कविताएँ मैंने बिना किसी ख़ास उद्देश्य के लिखीं है। जब, जैसे, जितना जीवन ने मुझे परोसा, मैंने अपनी सीमित समझ के साथ वही लिख दिया। इनका एक मात्र उद्देश्य किसी के हृदय तक पहुँचना था, जिसमें यह नाकाम रहीं। अब तक इतना समझ में आ गया है कि किसी के नाम की किताब छपने, और उसके बड़े आदमी होने में बहुत जरूरी सम्बन्ध नहीं होता। पूँजीपति व्यवस्था बहुत शक्तिशाली है। हम इसी के बचाये हुए है, और इसी के सताए हुए भी।

इन कविताओं को किताब का रूप देने का जो मुख्य कारण है वह यह कि मैं इनका ऋणी हूँ। इन्हें इनके सही स्थान पर पहुँचाना मैं अपनी जिम्मेदारी समझता हूँ। उससे पहले मैं इनसे मुक्त नहीं हो सकता। कोई भी कविता लेखक के द्वारा लिख दिए जाने, और उसके सही स्थान पर पहुँचा दिए जाने के बाद, उससे मुक्त हो जाती है। उसके अर्थ पर लेखक का बहुत अधिकार नहीं रहता। कविता ख़ुद-ब-ख़ुद अपने माने तलाशती है, अपने

पाठको के साथ जुड़कर, लेखक से मुक्त होकर। मैं भी मुक्त होना चाहता हूँ। इसलिए इन्हें आपको सौंपता हूँ।

*कुछ कविताएँ आप नहीं लिखतें*
*वो आपकों सौंपी जाती है, जिम्मेदारी के तौर पर।*
*मैं कुछ और नहीं सिवाय एक डाकिए के*
*जो जीवन के द्वारा भेजें गए पत्रों को*
*बिना अधिक छेड़-छाड़ के,*
*इस दुनिया तक पहुँचा देता है।*
*इन पत्रों का क्या करना है? यह मेरी चिंता का विषय नहीं है,*
*कभी नहीं रहा*
*इसलिए अपनी ऊर्जा इसपर नष्ट भी नहीं करता।*
*कुछ कविताएँ एक घण्टे में सामने आ जाती है, कुछ एक दिन में*
*कुछ के लिए एक साल लगता है*
*तो कुछ के लिए एक समूचा जीवन।*
*वह कब? कैसे? किस रूप में आएंगी? इससे कहीं ज्यादा ज़ोर मेरा इस बात*
*पर रहता है*
*कि जिस रूप में भी वो मुझतक आएं*
*उसी रूप में मैं उन्हें आपको सौंप सकूँ, और स्वंय उनसे मुक्त हो जाऊँ।*

- सरवन कोरी

# विशेष

मैं और मेरा दोस्त गोपाल। हम तैयारी के सिलसिले में इलाहाबाद और कोटा में साथ पढ़ाई करते थे। हम तब तकरीबन पन्द्रह-अठरह साल के थे। अक्सर रात में जब हमारे पास थोड़ा ख़ाली समय होता तो अलग-अलग विषयों पर हम बात करते। मैं लम्बे-लम्बे वक्तव्य देता। और वह बड़े स्तब्ध भाव से उन्हें सुनता। वह अक्सर कहता - *"भाई! तू जो बोलता है न! इसे लिखा कर, लिख कर किताब बना देना, और मुझे दे देना। मैं पढ़ा करूँगा!"*

एक ही समय पर, एक ही जगह पर, सहपाठी के रूप में रहते हुए, किसी को अपने से ऊपर देख पाना, या सराह पाना, बहुत बड़ी बात होती है। बड़े-बड़े लोगों से नहीं होती। जिनसे होती है, सही मायनों में वह बहुत बड़े लोग होते है। पहली बार जब कुछ लिखा, तो उसी के कहने पर। आज वह इस दुनिया में नहीं है, पर मैं मान लेता हूं कि यह किताब उसे ढूँढ़ लेगी, और वह इसे पढ़ लेगा। लॉकडाउन के समय की बात है, 'पेनफ्रेंड्स' ऑफ इरशाद कामिल' नामक ग्रुप की वजह से मैं "डॉ० इरशाद कामिल" के सम्पर्क में आ गया था। वहाँ लेखनी से सम्बंधित ढ़ेर सारी चीज़ें उन्होंने सिखायी। एकबार 'पेनफ्रेंड्स ऑफ द मंथ' के अवसर पर उन्होंने मेरी तस्वीर पर अपना हस्ताक्षर करते हुए, मुझे एक संदेश भेजा - *"सरवन तुम्हारे किताब का शीर्षक है "ख़्वाब/सपन, तो लिखना शुरू कर दो।"* मेरे लिए यह बहुत आश्चर्य की बात थी कि उतनी दूर से कैसे उन्होंने मेरे भीतर देख लिया? किसी भी तरह के सीधे सवांद की अनुपस्थिति में भी कैसे उन्होंने उस लड़के की आवाज़ सुन ली, जिसे जीवन में ऐसी असफलताएँ मिलीं, इतने करीबी ख़्वाब को जिसने खोते हुए देखा, कि फिर सपने देखने से ही डरने लगा। किसी की ख़्वाहिश

करने से डरने लगा। मेरे लिए उनका यह संदेश जीवन का संदेश था, जो कह रहा हो - "कि डरो मत। घाव अंतिम सत्य नहीं है। सपने देखो, उसके लिए मेहनत करो, और प्रस्फूटित हो उठो।" यह पूरी प्रक्रिया ही "विरोहण" है।

# कुछ भी व्यर्थ न करना

मैं मध्यवर्गीय परिवार का लड़का
बचपन से ही सीखता आया
कुछ भी व्यर्थ न करना,
रात को जब रोटियाँ बच जाती
तो सबेरे माँ उन्हें सेंक कर
उनके पराठे बना देती,
सुबह के पराठे रात की रोटियों से भी ज्यादा
स्वादिष्ट जान पड़ते।

पिताजी की जब चप्पल टूटती
तो वो तुरंत उन्हे बदल नहीं देते
वो करवाते उनकी बद्धियो की मरम्मत
चढ़वाते उनपर दो सिलाई ज्यादा
और चलाते उन्हें नये से भी कई दिन अधिक।

बचा लूँगा मैं भी हमारे प्रेम को,
बिल्कुल वैसे ही जैसे माँ बचा लेती थी
बासी रोटियाँ, और पिताजी टूटे चप्पल।

# महत्वत्ता

महत्वत्ता न्यूटन के तीसरे नियम का अनुसरण नहीं करती
कि जितना महत्व आपके लिए कुछ रखता हो
उतना ही महत्व आप उसके लिए रखो,
पहाड़ों, नदियों, जंगलों की जरूरत
हमेशा से हमें रही है
उन्हें हमारी नहीं,
ठीक उसी तरह से
जैसे मानसून की जरूरत किसानों को होती है
मानसून को किसानों की नहीं,
तुम भी बिल्कुल पहाड़, नदी, और जंगल
से बनी धरती में
मानसून सी हो
और मैं तुम में उम्मीद ढूढ़ता
कोई आदिवासी किसान।

## बीस की उम्र में

बीस की उम्र में ख़ुदा करे
कोई इतना भी समझदार न बने
कि छोड़ दे
ज़िद करना
बेबात की बात पर रूठना
गुस्सा करना
और खुद के दुख को
प्रायिकता देना।

बीस की उम्र में ख़ुदा करे
कोई इतनी भी दुनिया न देखे
कि भांप ले
दूर से ही
मुस्कुराते चेहरों की उदासियाँ
भीड़ में ठहरे हुए का अकेलापन
मौन की चीख
और कभी न माँगी गई
मदद की गुहार।

बीस की उम्र में ख़ुदा करे
कोई इतने भी जोरों से न गिरे
कि स्वीकार ले

धूल में सनी हुई चोटों से भरी
अपनी आत्मा को ही
अपनी नियति
और अव्यावहारिक लगने लगे उसके लिए
विरोहण का ख़्याल।

# मिलना

हम जीवन में
सिर्फ इसलिए शुक्रगुज़ार क्यों नहीं होते
कि हर घड़ी भाग रही
इस दुनिया के बीचों-बीच
हम मिलें!
और कुछ पल के लिए ही सही पर
ठहर गए,
सोचें तो कितनी ही संभावनाएं थी
दो लोगों के एक ही समय, एक ही जगह पर
न होने की
पर बावजूद उनके,
हम मिलें!
और हम ने बातें की।

मिलना, मिलते हुए ठहर जाना
बात कर लेना,
इतनी मामूली घटनाएं भी नहीं
जितनी कि हमें लगतीं हैं।

# तुम दिखी मुझको

तुम दिखी मुझको
जैसे किसी बच्चे को
पहले-पहल दिखती है तितली
जैसे आसमान में
बिन आवाज़ के
कौंध जाए बिजली

जैसे पहली बार
देखा गया इंद्रधनुष
जैसे महसूस हुआ हो
नज़दीक से
जुगनुओं का झुंड

तुम
किसी नवजात की हँसी
उसके द्वारा
देखा गया सपन
माँगी गयी मुराद
भरी गयी जम्हाई।

मानो साक्षात् हो जाए
अचंभा

जिज्ञासा
बहाना,
सब जाने जा चुके को
भूल जाना।

## इतना

इतना नीरस न हो
तुम्हारा जीवन
कि प्रेम, स्नेह, संवेदना
जैसी बुनियादी बातें
तुम्हे किताबी लगने लगे।

इतना कठोर न हो
तुम्हारा हृदय
कि 'आता हूँ' भी न कह सको
हमेशा के लिए छोड़कर
जाने से पहले

और इतना कठिन भी न हो
तुम तक पहुँचना
कि भरसक प्रयासों के बाद भी
पहुँचा न जा सके तुम तक,
और रह जाओ तुम
सदा के लिए अकेले।

# तुम

मुझे तुम्हारी आँखे नहीं पसन्द
और न ही तुम्हारे बाल
न ही तुम्हारे चमड़े का रंग,
और न ही तुम्हारी आवाज़।
मुझे "तुम" पसंद हो,
और तुम!
बाल, चमड़ा, आँख और कम्पन नहीं हो
जैसे आटा, पानी, और ताप, रोटी नहीं है
रोटी, रोटी है
और तुम, तुम!
जो कोशिकाओं और परमाणुओं की
ढ़ेर बस नहीं।

## तुम- २

तुम बारिश की पहली बूँद कोई
मैं जैसे कोई धूल पुरानी
पल भर को मिलता हूं तुमसे
फिर दूर छिटक जाता हूं।

# मैं मानूँगा

जब धूप से झल्लाई धरती पर
पहली बारिश राहत बन कर आएगी
मैं मानूँगा
तुमने अपने बाल भिगों कर झटके हैं।
बस होने भर से
कुछ चीज़ो के बस होने भर से
हिम्मत होती है
उनका प्रयोग, उपयोग जरूरी नहीं होता
होता है तो बस उनका मौजूद होना।

तुम्हारा प्रेम भी मेरे लिए
उन्हीं में से है।

# सड़क का कुत्ता

जैसे एक सड़क का कुत्ता भागता है
किसी भागती हुई कार के पीछे
बिना किसी निश्चित
उद्देश्य या रणनीति के,

ठीक वैसे ही मैं भागा।
उन सब के पीछे
जिनमें मुझे गुंजाइश दिखी
एक छटाक बराबर की संभावना!
मेरे हिस्से के प्रेम की

मैंने कभी नहीं सोचा
कि उस प्रेम का क्या करना है
जिसके पीछे मैं भाग रहा हूं,

मैं भागता और बस भागता
तब तक, जब तक कि थक-हार कर रुक नहीं जाता
हर बार मैं ही रुका
कोई कार कभी मेरे लिए नहीं रुकी।

## डर बना रहता है

मुझे हमेशा ये डर बना रहता है
कि एकदिन बिना किसी चेतावनी के
मेरी कविता भी मुझे
ऐसे ही छोड़कर चली जायेगी
जैसे कि चले जाते हैं लोग
एक दूसरे को छोड़कर
बिना किसी चेतावनी के
बिना ठीक से अलविदा किए हुए।

मुझे हमेशा ये डर बना रहता है
कि एकदिन हतोत्साहित हो जाएंगे
सभी अच्छे लोग
अपने साथ हुए बुरे बर्तावों से
और विलुप्त हो जाएंगे
इस दुनिया से
बिना किसी विरोध के ही।

मुझे हमेशा ये डर बना रहता है
कि एकदिन सहज हो जाएगा
आसान रास्ता
सही के ऊपर,
सिर्फ इस वजह से कि

सही के साथ
तकलीफ़े आती हैं।

विरोध, तकलीफ
और एक अलविदा जाने से पहले,
होने ही चाहिए
जीवन में, जीवन के लिए।

## ज्वार-भाटा

समुद्र की नियति है
चाँद से प्रेम हो जाना,
फिर अंनत काल के लिए
कभी न खत्म होने वाला प्रयास
करते रहना।
इस प्रक्रिया में समुद्र के पास दुख ही दुख है
जिससे वह खारा है
पर इस प्रक्रिया से ही जीवन है
जो हर्सोल्लास से पुष्ट है।

# पढ़े-लिखे लड़के

पढ़े-लिखे लड़कों को
अक्सर छोड़कर चली जाती है उनकी प्रेमिकाएं
क्योंकि पढ़े-लिखे लड़के नहीं रोकते
अपनी जाती हुई प्रेमिकाओं को उनके हाथ पकड़कर।
वो आवाज़ लगाते है, और उम्मीद!
कि वो रुक जाएं
पढ़े-लिखे लड़के अक्सर उदास रहते हैं
और सम्मान करते है,
किसी के दूर जाने के फैसले का।

## ठीक था

मेरे सितारों को थाम लेने जैसी
ख्वाइशों में होती हो तुम
एक मैं हूं!
जो तुम्हारे- "ठीक था"
में भी नहीं रहता।

# चुल्लू भर पानी का व्यपार

जटिल भाषाई कौशल से भरपूर
माचिस के मसाले सी तासीर लिये
लबालब सच में डूबे
हिंसक, उग्र लेखों से
कहीं ज्यादा जरूरी था
उन सहज पत्रों का छापा जाना
जो प्रेम में
बग़ैर भाषाई साक्षरता के लिखे गए।

कइसे अहा?
सब ठीक अहइ न!
जैसे मामूली फ़िक्र, समझ और प्रेम
को अधिक अधिकार था
सब तक पहुँचाए जाने का।
व्यवहारिक था
सुलगते समय में
चुल्लू भर पानी का व्यापार
बैरल के बैरल तेलों की तुलना में।

# के नाम पर

लोगों ने
घर्म के नाम पर
अधर्म किया,
राष्ट्र-प्रेम के नाम पर
जंग।
नीति के नाम पर
अनीति,
आवश्यकता के नाम पर
स्वार्थ।

तुम!
प्रेम के नाम पर
प्रेम करना,
केवल प्रेम!

# थोड़ा चाहने के नुकसान

जब बहुत थोड़ा चाहते है हम
और किसी कारणवश
वो भी हमें नहीं मिलता,
तो बंद कर देते है हम
चाहना!
और उसी के साथ
खत्म हो जाती है
कुछ भी मिलने की संभावना।

# आज

मैं और मेरे साथ हर उस सख़्श को,
आज
अजीब, उदास, और अनुत्सुक
मान लिया जाएगा
जो तमाशा नहीं कर पाएंगे
अपने प्रेम, उल्लास, और अवसाद का।

## आज- २

ज्यादा समय है उसके पास, ज्यादा स्वास्थ्य भी
ज्यादा दया रखता है वह, ज्यादा ज्ञान भी
तरीके से सलीके तक,
आज सब है उसके पास
धन है जिसके पास।

# सम्भावना

तमाम हो-हल्लो, और उलट-फेरो के बीच
तुम्हें याद करता हुआ मैं
सोचता हूँ
कि क्या तुम भी कभी
ऐसे ही
याद करती होगी मुझे?

जवाब से कहीं खूबसूरत लगता है
ये सवाल
सवाल में छुपी यह सम्भावना
कि मुस्कुराती होगी तुम भी कभी
बिल्कुल ऐसे ही
मुझको याद करते हुए।

# बिना प्रेम के ही

सब सही चल रहा था उसके जीवन में कि
उसे प्रेम हो गया,
कितनी बुरी बात है!
कि सब सही चल रहा था उसके जीवन में,
बिना प्रेम के ही।

## इतना बचा रहना था

मैं दुनिया को कहूँ स्टेच्यू
और दुनिया स्टेच्यू हो जाये
तुम से कहूँ गो!
और हम दोनों गो हो जाये।
सुकून से मुझपर
तुम उझल सको अपनी सारी शिकायतें
तरतीब से मैं पिरो सकूँ उनमें
एक-एक करके हुमकारियाँ!
हम बात करें और फ़िक्र न हो हमें
किसी के आ धमकने की
एक-दूसरे के सिवा एक को भी
क्या, क्यों, कैसे, और कब समझाने की।
बस इतना एकांत
इतना समय
इतना जादू!
बचा रहना था इस दुनिया में
हम तक आते-आते।

## प्रिय प्रेम

प्रिय प्रेम,
मैं तब तक यह नहीं मान सकता
कि यह दुनिया अब इस योग्य नहीं रही
कि इसके लिए अपना सर्वस्व त्याग दिया जाए
जब तक तुम इसमें रहते हो।

# प्रिय

प्रिय,
आज जब कुछ नहीं है देने को मेरे पास तुम्हें
तब बात तुम्हें यह देता हूं,
जब नहीं कह सकता ठीक-ठीक कि
कल को भी मुझ संग क्या होगा
उसपर भी विश्वास तुम्हे यह देता हूं,
कि घोर अँधेरी रातों में
जब कभी तुम्हारा जी घबराएगा
चाह कर भी जो मन तुम्हारा
ढाढ़स बाँध न पाएगा,
तब मैं जा क्षितिज के कोने तक
तुमको देने को अँजुरी भर
जुगनू लाऊँगा,
दिखलाऊँगा
कि तम की रातों में तुम
मुझको ऐसे दिखते थे।

## सबसे सुंदर

मैंने देखे ख़्वाब कई
हर ख़्वाब में लेकिन तुम।
जंगल, दरिया, सहरा, घर
सब थे सुंदर
पर उनमें सबसे सुंदर तुम।

# तुम नहीं गयी केवल

तुम नहीं गयी केवल
गयी सुबह से चिड़ियों की चहचहाहट
दोपहर से उबासी
शाम से वापसी
रात से एक अच्छी सी नींद
और फिर अगले दिन
जल्दी से जाग जाने की उम्मीद,

तुम गयी और ले गयी
चैत से प्रारम्भ
बैसाख से बसन्त! के आखरी क्षण
जेठ से चिलचिलाती धूप
असाढ़ से आती मानसून
सावन से बारिश, झूले, और कजरी
भादों से उगती उर्वरता, और हरियाली
क्वार से एक-एक श्वेत कास
कातिक की शांत, शीतल, सुहानी रात
अगहन से समृद्धि और कट चुके सब धान
पूस से कड़ाके की ठंड, और गन्ने की मिठास
माघ से ओंस, कोहरे, और झड़ते पत्तो का प्रदर्शन

फागुन से पुनः प्रारम्भ होने वाला, अंत!

अतः तुम गयी और तुम्हारे साथ गयी,
वो सब चीज़ें जो जरूरी थी
उस समय, उस जगह।

## ढूँढा तुम्हें

मैंने नहीं ढूँढा तुम्हें
सिगरेट के धुओं में
विहस्की की गिलासों में
न काम करने के बहानों में,
उन कोशिशों में जिनमें बस दिखावा था, यकीं नहीं
या उन चाहतों में जिनमें जगह न थी, दुखो की

नहीं ढूँढा तुम्हे उन सपनों में, जिनमें मैं सो रहा था
या उन हताशाओं में जिनसे पहले हार चुका था।

क्योंकि जानता था मैं
नहीं मिलोगे तुम, ऐसी किसी भी जगह पर
इसलिए ढूँढा मैंने तुम्हें
उन प्रतिमानों में जो खंडित करती थी
थक-हार कर, बैठ जाने के विकल्प को।
उन विद्रोहों में जो उमड़ती और फिर बढ़ती ही चली जाती
एक दाने असंतोष के साथ
ढूँढा तुम्हे उन किताबों में जो कभी पुरानी नहीं होती
शाश्वत होते हुए भी रहती है जो प्रासंगिक
हर दौर में।

और इस तरह मैं ढूँढ लेता हूं तुम्हे

हर-दिन,
बस अगले दिन में, खो देने के लिए।

## जानता हूँ

तुम्हें जाते हुए देखता मैं
सोचता हूं
कि क्या न कह दूँ,
कि जाती हुई तुम
रुक जाओ।

तुम्हे रोक लेने की ख़्वाहिश लिए मैं
जानता हूँ,
शब्द, भाव
की सीमाओं को।

## प्रेम लिए तुम

तुम प्रेम में पड़कर निकम्मे हो जाओगे
और लोग प्रेम को निकम्मा घोषित कर देंगे
इसलिए बेहद जरूरी है कि प्रेम लिए तुम
निकम्मे ना बनो,
कुछ और बनो
जैसे एक मिसाल
जो दी जाए सालों-साल।

रास्ते निकालो
बाँध बनाओ
जहाँ नहीं पहुँची जल की एक बूँद
वहाँ नहर बहाओ।

बम नहीं बनाना है तुम्हें कोई भी ऐसा
जो हाथ लग सकता हो
मतलब-परस्तों के,
गिर सकता हो सैकड़ो पर गाज की तरह
और नेस्तनाबूद कर सकता हो उन सबको
जिनसे जीवन है
यह तुम्हारे प्रेम का अपमान होगा।

बनाओ तुम न्यूक्लियर भट्टी

विंड-मिल, जल टरबाइन
जो रोशन करे
उन दूर-दराज के अंधेरे कोनों को
जहाँ रोशनी
अब तक किस्तों में पहुँच रही।

खोलो तुम ऐसे शिक्षा-संस्थान
जिसे नहीं निकालने हो
विश्व के सबसे शानदार बच्चे
अपनी चौखट से,
अपितु जिसमें
हर तरह का अभाव ही हो पात्रता
दाख़िले की
मक़सद
उन्हें बेहतर करने की।
तुम
केवल तुम
समझ सकते हो
कि अन्ततः सबसे जरूरी है चीज़ों का
वहाँ तक पहुँचना
जहाँ वह नहीं पहुँच पा रही।

तुम
प्रेम लिए तुम
ही कर सकते हो ऐसा विकाश
ऐसी क्रांति

ऐसा बदलाव
जो लोभ पर ना टिका हो।

# कितना कुछ है दुनिया में

कितना कुछ है दुनिया में
न कहने को, न सुनने को, न लिखने को
पर लोग हैं
कि कह देते हैं, सुन लेते हैं, लिख देते हैं
हम,
ऐसा कुछ नहीं करेंगें।

## तुम- ३

वो शब्द जिनके अर्थ से
मुस्कान आ जाती है चेहरे पर,
ऐसे ही अनन्त तक जाते अर्थों की
सम्भावनाओं से भरी शब्दों का
खूबसूरत अर्थ हो तुम।

# जिसे जितना मुश्किल होता है प्रेम करना

जिसे जितना मुश्किल होता है प्रेम करना
उसे उतनी ही जरूरत होती है
प्रेम किए जाने की।
लेकिन एक अरसा हो गया
लोगों को मुश्किल कामों से पल्ला झाड़े हुए,
अब लोग आसान की तलाश में रहते है
और मुश्किल के साथ सहानुभूति रखते है।
यही वजह है कि आज स्नेह
किसी का शौकिया साधन है
जिसकी कितनी भी प्राप्ति कभी पर्याप्त नहीं होती,
तो किसी की वह जरूरत
जो दिनभर की बेगारी के बाद
कभी पूरी नहीं होती।

# जिसने दुनिया सजाई

यूँ तो कितनी ही निगाहों से गुजरी
ये निगाहें मगर
जिसपर ठहर गयी आकर
वो निगाहें तुम्हारी थी।
यूँ तो कितने ही
श्रृंगार थे दुनिया को सजाने के पर,
जिसने सचमुच में सजाया
उसे खूबसूरत बनाया
वो जूड़ा, वो कँगन, वो बिंदी तुम्हारी थी।

# अधिकार

मैं हर रोज़ तुम्हे बुलाता हूं
हर रोज़ ही तुमको जाने देता हूं
बुलाना, आवाज़ लगाना
मेरा अधिकार है

न सुनना, न आना, तुम्हारा।

# रेल

एक रेल वहीं रह जाती है
दूसरी पटरियों के साथ आगे बढ़ जाती है
रुकी हुई रेल को
कभी इस बात पर
खीज या नाराज़गी नहीं होती
कि सामने वाली रेल
उसके बगैर ही आगे बढ़ गयी।

मैं भी रेल सा होना चाहता हूं
जो मुस्कुराते हुए चेहरे के साथ
जाने वाले को
जाने दे सके।

## अश्वत्थामा हतोहतः, नरो वा कुञ्जरोवा

हम कभी भी पूरी तरह से ईमानदार नहीं हो पाते
किसी के भी प्रति उसकी मौजूदगी में,
हम इंतजार करते है उसके चले जाने का
उसके प्रति ईमानदार होने के लिए।

हम नहीं कहते कभी भी पूरा का पूरा
कहते है आधा, अधूरा, घुमा-फिरा कर
बच-बचा कर।

नहीं कहते हम उसे
कि हमें उसकी कितनी जरूरत है
नहीं कहते हूबहू
कि उसके बिना सबकुछ
कितना डरावना है
नहीं थामते हाथ
कभी भी इस तरह
कि मन नहीं कर रहा मेरा छोड़ने का
नहीं देखते

उतनी देर से ज्यादा कि देना पड़े
भौंहे ऊपर-नीचे करके
पूछे गए 'क्या हुआ' का जवाब

सिर दाएँ-बाएँ हिलाकर
"कुछ नहीं" में।

हम इंतजार करते है, और करते ही रहते है...

मैं भी इंतजार में हूं
तुम्हारे चले जाने का
यह जानते हुए कि
कोई कभी भी पूरी तरह से नहीं जाता
हम मर चुके लोगों तक के प्रति भी
ईमानदार नहीं हो पाते
हम दुनिया में जीते है
दुनियादारी निभाते हुए
दुनियादारी निभाई जाती है
आधे-अधूरे, घुमा-फिराकर बोले गए झूठों से
हम सब युधिष्ठिर है
और हमारे द्वारा जिया गया सबसे महत्वपूर्ण जीवन
"अश्वत्थामा हतोहतः, नरो वा कुञ्जरोवा।"

दुनिया उम्मीद पर टिकी है
टिकी रहे!
वह झूठ है जिससे दुनिया चलती है
दुनिया चलती रहेगी।

## बिग बैंग

विज्ञान ने बताया
कि ऊर्जा उत्पन्न नहीं की जा सकती
और न ही उसे नष्ट किया जा सकता है,
वह बस एक रूप से दूसरे रूप में
परिवर्तित होती है, की जाती है
ऊर्जाओं के परिवर्तन की प्रक्रिया
कभी भी सौ प्रतिशत दक्षता के साथ नहीं होती
बावजूद इसके सम्पूर्ण ब्रह्म  ड में
उसका कुल योग, हमेशा स्थिर रहता है।

तुमसे मिलकर मैंने ये जाना
कि प्रेम भी उत्पन्न नहीं किया जा सकता
उसे भी हम नष्ट नहीं कर सकते
बस एक रूप से दूसरे रूप में
परिवर्तित कर सकते है,
और यह कि हम अपने-आप में एक ब्रह्मण्ड हैं
जिसमें निहित प्रेम का कुल योग
रूप बदलते हुए भी हमेशा स्थिर रहता है।

ब्रह्मण्ड की सकल ऊर्जा
बिग बैंग से निकली,

जिसके बाद सिर्फ उसका परिवर्तन हुआ, निर्माण नहीं।

मेरे जीवन की तुम
ऐसी ही एक बिग बैंग हो,
जिसके बाद
शून्य से सन्तुष्ट बैठा मैं
निकल पड़ा अनन्त के सफ़र पर।

# काँधे पर

जब भी काँधे पर वो मेरे
चुपचाप से अपना सिर रख देती
ऐसा लगता मानो
दुनिया भर का भरोसा, सुकून, और डर
सब मेरे काँधे पर धर देती।

## तुम-४

जब-जब यह दुनिया या मैं खुद
मुझे परेशान कर देते है
तब-तब मैं लौटता हूं तुम्हारे पास
तुम वह घर हो,
जिसका दरवाजा मैंने कभी बंद नहीं पाया।

# अनुकूलन

सभी ने देखा नागफनी का रूखापन
उसके काँटे, उसका प्रतिरोध।
किसी के अंदर जिज्ञासा न जागी
उन वातावरणीय दशाओं को समझने की
जिनसे विवश होकर
उसमें वो अनुकूलन आए।

किसी ने कोशिश नहीं की
समझने की
कि कितना इंतजार किया होगा वक्त ने
किसी का
जो अब,
वह किसी के लिए नहीं रुकता।

# गिनतियाँ

शुरुआत होती है गिनतियों से
अंत भी गिनतियों पर,
गिनतियों से होता है सब
गिनतियों में होते है हम,
जीवन में गिनतियों का होना
स्थायित्व देता है
गिनतियों में जीवन, हताशा।

सब नहीं मापा जा सकता है
गिनतियों से
जैसे चीनी, पर मिठास? नहीं!
संसाधन, पर समृद्धि? नहीं!

सब बदलते जा रहे है
इकाइयों से, गिनतियों में
सब होते जा रहे हैं, गिनतियों के
इंसानों का गिनतियां हो जाना, भयावह है।

# दोहरे समाज में

ऐसे समाज में जिए हम,
जिसमें कुत्ते को वफ़ादार
और कुतिया को चरित्रहीन बताया गया।

# क्यों?

हमें ऐसे निकाला गया समाज से
उसकी भागीदारी से,
जैसे निकाला जाता हो
किसी पैर से
कम गहरे धँसे किसी काँटें को।

जब तक हम जान पाते, समझ पाते
किसी के दिल-दिमाग में
हमारे चुभने की वजहों को
उससे पहले ही हमें निकाल कर
दूर फेंक दिया गया

बहुत दूर!

इतना कि किसी को नहीं पता
हम कहाँ से आते हैं
किन परिस्थितियों में जीते हैं
और किन हालातों में मर जाते हैं,
इतना कि
आज तक एक गीत नहीं गाया
किसी ने हमारे लिए
इतना कि

एक कविता नहीं लिखी किसी ने
हमारे प्रेम में पड़कर।
इतना कि
जब हम दिखतें
अचंभे के पात्र हो जाते
बिल्कुल वैसे
जैसे बहुत दिनों बाद मोहल्ले में लौटा
कोई मदारी का बंदर।

हम कभी नहीं दिखें किसी की
स्नेह-भरी आँखों में
दिखें तो बस
तरस, डर, या दुत्कार जैसी भावनाओं में
भद्दे मज़ाको में,
घिनौनी गालियों में।

हिजड़ा, किन्नर, छक्का
जैसे संबोधक शब्द
कभी नहीं हो पाए उतने सामान्य
जितने कि पुरुष और महिला
लड़की और लड़का
क्यों?

# बड़ी होती है

माँ नहीं जन्मती
बच्चे को
वह जन्मती है
जाति, लिंग
रंग, धर्म, और नश्ल को।

बच्चा बड़ा नहीं होता
बड़ी होती है
उसकी जाति, लिंग
रंग, धर्म और नश्ल।

एक दिन
बच्चा मर जाता है
मर जाती है बच्चे की माँ
नहीं मरती है तो बस
उसकी जाति, लिंग
रंग, धर्म और नश्ल।

# पिता को समझने के लिए

उन्होंने प्रेम किया
पर कभी उसे जताने की कला नहीं सीख पाए
सारी उम्मीदें, सुख, हिम्मत, सुकून
सब बाँट दिए बिना किसी संकोच के
और अपने हिस्से रख लिए

सारे डर, लाचारी, पीड़ा, और दुख।
पिता हमेशा ख़ुद-ग़र्ज़ रहें
जितना बाँटते नहीं उससे ज्यादा रख लेते
खुद के पास, खुद के भीतर
बहुत भीतर!

जहाँ रोना था उन्हें, वो नहीं रोए
जहाँ कहना था कि बस!
अब नहीं होगा मुझसे
उन्होंने नहीं कहा,
बस हो गए मौन कुछ क्षणों के लिए
अगले ही क्षण में 'देखते हैं - कहने के लिए'
पिता जी का देखना! उम्मीद का देखना होता
संभावना का देखना होता
विरलै ही ऐसी परिस्थिति आती

जो उनके द्वारा देखी न जाती।

पिता चट्टान से थे, चट्टान नहीं थे

हर थपेड़े उन्हें वैसे ही झकझोरते जैसे माँ को
हर भाव उन्हें वैसे ही महसूस होते जैसे माँ को
पर दो में एक ही को माँ होने का सुख सम्भव था
घर एक ही माँ वहन कर सकता था
सो उन्होंने मौन, जड़ता, और दृढ़ता को
अपने हिस्से चुन लिया, और पिता बन बैठे।

कहते हैं-
कि हम जैसा देखते है, सुनते है
अक्सर वैसे ही बन जाते है।
पता नहीं उन्होंने क्या देखा-सुना
पर मैंने तो बचपन से ही सबसे अधिक
उन्हें ही देखा, सुना, जाना
और न जाने कब, उनके जैसा ही हो गया।

यह भी उनके हिस्से का एक दुख है
कि बच्चे को पिता सा होना पड़ा
पिता को समझने के लिए।

# सिल-बट्टा

तब मिक्सर नहीं थे
असल में थे तो
पर अभी वो हमारे मोहल्ले तक नहीं पहुँचे थे
ठीक उसी तरह से
जैसे देश-दुनिया की सारी घटनाएं
घट तो चुकी थी
पर उस वक्त
मुझ तक नहीं पहुँची थी।

बँटवारे सारे हो चुके थे
सैंतालीस के भी, उसके बाद के भी
और उससे बहुत पहले के भी

श्रेणियाँ सारी कि सारी
तैयार की जा चुकी थी
धर्म, जाति, लिंग, रंग
और न जाने कितने ही रूपों में

देश, विदेश
सुंदर, बदसूरत
सभ्य, असभ्य
वाँछनीय, दयनीय

अच्छा, बहुत अच्छा
खराब, बहुत खराब
ठीक! (मतलब उतना कि
बेहतर विकल्प की अनुपस्थिति में
शानदार
और उपस्थिति में परिहार्य)
सब निर्धारित था, परिभाषित था
अपने-अपने पर्याप्त व्याख्यानों के साथ

कश्मीर घट चुका था
मण्डल-मंदिर भी,
अमृतसर, नक्सलबाड़ी आंदोलन
सब देख चुके थे
और बस्तर अभी देख रहे थे।

लड़कियाँ स्कूल जा रहीं थी
और वहाँ से सीधा अंतरिक्ष
पर समाज दुखी था, और घर वाले भी
कि घर क्यों नहीं लौट रहीं है लड़कियाँ!
व्याह क्यों नहीं कर रहीं है, उनकी सहूलियत से

ठीक इसी समय
व्याही जा रही थी लड़कियाँ
कुल, जमीन, जायदाद और ओहदों में

सोलह, सत्रह, और बाइस की उम्र में

जहाँ एक ओर
खुद को खोजने, सफल उद्यम करने
जैसी चीज़ों में
ढूँढ़ रहीं थी लड़कियाँ अपनी उपलब्धि,
वहीं दूसरी ओर
व्याह की अधिकतम औसत उम्र
छब्बीस तक ले जाने को
समाज अपनी उपलब्धि मान कर बैठा था
बिल्कुल सन्तुष्ट!

पर अभी मुझ तक कुछ नहीं पहुँचा था
सिवाय मेरी माँ के हाथों और होठों के
कोमल स्पर्शों के
और उनकी दुलार की मीठी ध्वनियों के
जिसके साथ लगातार
एक ध्वनी और आ रही थी

बट्टे के सिल पर रगड़े जाने की
सिल-बट्टे की।

असल में अभी हमारे मोहल्ले तक
मिक्सर नहीं पहुँचा था
तो पापा पीस रहे थे सील-बट्टे पर
पिसुआ! (मेरी माँ के लिए नहीं)

अपनी संगिनी के लिए।

माँ लेटी थी
उनके साथ कुछ दिनों का मैं, लेटा था
दोनों देख रहे थे पापा को
कितनी ही श्रेणियों
परिभाषाओं, और संरचनाओं को
सिल-बट्टे पर
बिल्कुल बारीक कर डालते हुए,
जिसके साथ ही तैयार हो रहा था
मीठा, पौष्टिक पिसुआ!
जो रखता था क्षमता
गर्भ, और प्रसव से
थोड़ी कमज़ोर हो गयी माँ को
थोड़े ही दिनों में
स्वस्थ करने का।

उस वक्त जब मुझतक कुछ नहीं पहुँचा था
जब मेरी आँखें भी ठीक से खुली नहीं थी
तो मैंने कैसे देखा पिता को यह सब करते हुए
यह सवाल है!

पर जो निस्संदेह निश्चित है
वह यह कि
कुछ दिनों का रहा मैं
ने देखा

क्रांति घर से शुरू होती है
और वह भी हथियारों, बड़े-बड़े व्याख्यानों
या आख्यानों से नहीं

बल्कि सिल-बट्टे से।

## दखिन्हइया

हम जहाँ से आते हैं
वहाँ देवता नहीं पूजे जाते
दलिद्दर भगाए जाते है
सुख
दूर की बात है अभी वहाँ
दुःखो से मुक्ति ही बड़ी बात।

हम जहाँ से आते हैं
वहाँ से सड़क नहीं आती
सड़क नहीं आती, तो अवसर नहीं आते
शिक्षा, स्वास्थ्य, रोज़गार
हम तक पहुँचने का प्रयास भर करते है
पर वास्तविकता में कभी पहुँच नहीं पाते।

अन्ततः थक-हार कर
पेट काट कर,
पट्टे में छटाक बराबर मिली ज़मीन
या एकाध बचा-खुचाकर रखे ज़ेवर बेचकर
हम ही में से कुछ-एक
पहुँच जाते है उनके पास

बाकियों को उनके हाल पर छोड़कर।

हम दक्खिन से आते हैं
दक्खिन में बसते हैं,
आज भी दखिन्हइया हवाएं
पुरवा, पछुआ, या उतरहिया हवाओं के उलट
लोगों को बीमार कर देती है, ख़राब लगती है।

जहाँ से हम आते हैं
वहीं से आते है दिहाड़ी मजदूर
ठेलम-ठेल ट्रैन के डिब्बों में लद कर।

जहाँ से हम आते हैं
उसी से भरे-बने है
गन्दी, बिना नालियों या शौचालयों की सुविधा के
हज़ार, पँद्रह सौ में मिलने वाले
तथाकथित सस्ते झुग्गियों के कमरें

जहाँ से हम आते हैं
वहाँ लौटते हैं हम
साल में हद से हद एक या दो बार,
शादियों या त्योहारों से
ठीक एक या दो दिन पहले।

हम भद्दे गाने सुनते है
देते है घिनौनी गालियाँ

करते है फूहड़ मज़ाक
और फिर मुँह फाड़ कर जोर से हँस देते है,
इस प्रक्रिया में स्वीकार लेते है हम
हमारे भद्दे-घिनौने
किसी फूहड़ मज़ाक के-से जीवन को
जस का तस।

किसी को कोई दिक्कत नहीं होती
टीस नहीं उठती
किसी को कुछ नहीं कचोटता,
जब तक कि कोई उन्हें याद न दिला दे
कि हम पूरे के पूरे, समूचे
दक्खिन में स्थित हैं।

# पुल

एक हिस्से में रहती है भूख, तकलीफ़, और विवशता
दूसरे में विकल्प, मौका, और सुख-सुविधा
बीच में दूर तक फैली एक खाई जोकि इतनी भूखी
कि खा जाए
अनन्त प्रकार की उम्मीदों को!
दोनों हिस्सो को जोड़ता एक जर्जर सा पुल
असल में एकमात्र पुल! और वह भी जर्जर
लोग रेंगते रहते हैं, हरवक्त चरराते उस पुल पर
इस उम्मीद में कि पहुँचा देगा वह उन्हें
उस पार, उस हिस्से में।
पर भूल जाते हैं वो पूछना कुछ सवाल जो जरूरी है
कि ये पुल जो जर्जर है, इसे किसने बनाया?
कौन करता है इसकी देखभाल कि ये ऐसा ही बना रहे
और क्या है वास्तविक उद्देश्य इसका?
कुछ लोगों को पहुँचाना या ज्यादातर को रोक कर रखना
क्या हो अगर तोड़ दिया जाए इसे?
क्या इसके साथ ही खत्म हो जाएंगी सारी उम्मीदें?
या रेंगना बंद कर, माँगने लगेगें लोग
इसी हिस्से में रहते हुए
विकल्प, मौके, और सुख-सुविधाएं।

# दूरी

तुम्हारे और मेरे बीच में पहली दूरी
खींची गई हमारी उत्त्पति के साथ ही
आज से लगभग दो-ढाई लाख साल पहले,
तुम्हे गुफाओं में रोक दिया गया
और मुझे शिकार पर न चाहते हुए भी
अकेले ही जाना पड़ा।

तुम्हारे और मेरे बीच मौजूद उस दूरी में
खड़ी होने लगी एक दीवार
आज से लगभग पाँच हज़ार साल पहले
जब सभी स्वीकारने लगें
उन कथाकथित अलौकिक मान्यताओं को
जिसके अनुसार तुम और मैं
अलग थे
और दोनों में से कोई एक, भटका हुआ था।

फिर तीन, साढ़े-तीन हजार साल पहले
वह दीवार, वीभत्स हो गई
उसने तुम्हे और मुझे, बाँट दिया दो हिस्सों में
कहे अनुसार एक हिस्सा शुद्ध था, दूसरा अशुद्ध
एक ऊँच था, दूसरा नीच
एक के पास गर्व था, दूसरा हमदर्दी का पात्र

मुझे मना कर दिया गया
तुम्हे छूने से
सिर उठाकर तुम्हे देखने भर से।

और फिर अभी तीन सौ साल पहले ही
बढ़ाई गई
उस दीवार की परिधि,
जिसके तहत सबके दिमाग में ठूसा गया
कि यह रंग, उस रंग से श्रेष्ठ है
अधिक सुंदर, सभ्य, और प्रतिभावान है
यह रंग सबकी कामना है, वह रंग उसकी मजबूरी
उस रंग से यथासंभव उसे
छुटकारा पाने की कोशिश करनी चाहिए।

सच कहूँ तो हमारी उत्पत्ति से अब तक
खींची जा चुकी है जाने कितनी ही दूरियाँ
बनाई जा चुकी है जाने कितनी ही दीवारें।

पर मालूम
नापी जा सकती है सारी दूरियाँ
ढहाई जा सकती है सारी दीवारें
तुम्हारे और मेरे, हमारे
चाहने भर से।

## शापित

कई बार ऐसा होता है
जब आप कविताएं नहीं लिख रहे होते
कविताएं आपको लिख रही होती है
मेरे साथ जो सबसे बुरा किया जा सकता है
वह यह कि मुझे लिखने में
निपुण मान लिया जाए
जो जिए हुए को लिखने की बजाय
लिखने के लिये जीता है
जो हर हार, दुख, अफ़सोस, और त्रासदी को
अंलकृत करने की क्षमता रखता है

क्योंकि ऐसा नहीं है।

कई बार ऐसा हुआ
जब मैंने चाहा
एक हाथ अपने हाथ में,
एक सीना
कसती हुई बाँहों के लिए,
खुशी
चुन लिए जाने की
सिर
सहलाने के लिए

एक ठिकान
जिसके लिए कह सकूँ
कि मैं यहाँ का हूँ।

ये ख्वाहिशें भले ही पूरी होने के लिए
बहुत बड़ी रही हो
लेकिन इनका कोई महान उद्देश्य नहीं था
जैसे हर शख़्स को चाहिए होती है
ये जरूरतें,
वैसे ही मुझे चाहिए थी।

हाथ
इस उम्मीद में
कि दो जुड़े हुए हाथ
विवश कर दे
दो दिलों को
एक तारत्व में धड़कने को।

सीना
इस आस में
कि छुआ जा सके दो रूह को
जड़ को जोरों से भींचने पर,
खाली हो सके दो देह
एक-दूसरे पर

बिना किसी संवाद के।

सिर
यह दिखाने के लिए
कि कैसे पुरुष का वात्सल्य भी बिल्कुल
स्त्री सा ही होता है
न कम, न ज्यादा।

पर जब-जब बढ़ा मैं
हाथ, सिर, और सीने के लिए
मेरे हाथ आई केवल और केवल कविता

कविता मेरा चुनाव नहीं, विवशता है
ठीक उस राजा कि तरह
जिसे शाप था कि वह जिसे छुएगा
वह सोने में बदल जाएगा।
मैं भी शापित हूँ
मेरा शाप है
जिस किसी को मैं चाहूँगा
वह जड़ से चेतन हो जाएगा
कविता बन जाएगा।

मैंने हमेशा ही जीवन को चाहा!

# सच

और अंत में कोई किसी को कुछ नहीं समझा पाता
हर कोई अपने ही समझे हुए को
बार-बार समझता है,
अलग-अलग स्त्रोतों से
अलग-अलग तरीकों से।

संसार में घट चुकी, घट रहीं
एवं घटने वालीं सभी घटनाएं
मर चुकी भाषाओं के लेख हैं
और हर कोई उन पर विवेचना करने को स्वतंत्र।

सच और कुछ नहीं
सिवाय कुशल, समृद्ध लेखकों के द्वारा
किये गए वास्तविकता के अनुवाद से,
हमेशा ही, क्या है? से कहीं ज्यादा जरूरी रहा है
'क्या होना सुविधाजनक है?'
इसीलिए आज सब के पास
उनकी सुविधा के अनुसार का सच है,
और सब उसी सच में मदमस्त।

## तुम ऐसे जरूरी थे

तुम ऐसे जरूरी थे मुझको
जैसे किसी तीर को जरूरत होती है कमान की
किसी भी लक्ष्य को सर्र से भेद देने के लिए।

जैसे एक को जरूरत होती है एक की
एक झटके में दो हो जाने के लिए

जैसे वाक्य को जरूरत होती है शब्द की
शब्द को विराम-चिह्न की,
किसी भी आशय को स्पष्टतः व्यक्त करने के लिए।

तुम ऐसे जरूरी थे मुझको

जैसे ऊर्जा को जरूरत होती है मात्रा की
संसार की संरचना के लिए।

जैसे किसी मजदूर को जरूरत होती है उसकी मजूरी की,
मजदूरी करते रहने के लिए।

जैसे ईंट को जरूरत होती है गारे की
पेंसिल को कटर की
छत को ज़ीने की

और चूल्हे को राशन की।

तुम ऐसे जरूरी थे मुझको
जैसे तालाब को जरूरत होती है पानी की
धरती को पेड़ की
सूखे से बिलबिलाते किसी झींगुर को बरसात की
और रात के खुले आसमान को टिमटिमाते तारों की।

तुम ऐसे जरूरी थे मुझको

जैसे मिनट को जरूरत होती है सेकेंड की
घंटे को मिनट की

साल को महीने की
महीने को सप्ताह
और सप्ताह को दिन की।

वैसे ही तुम जरूरी थे मुझको

जैसे सफलता को होती है अवसर की।

# अंततः

मेरे द्वारा पढ़ी, लिखी
गई हर पंक्ति
अन्ततः तुम तक ही जाती है।

जाने क्यों मेरे द्वारा चला गया
कोई भी रस्ता
कभी तुम तक नहीं जाता।

## सुन लेना

कहती रहेगी ये दुनिया
अपने आखरी दिनों तक
इसलिए नहीं कि ढ़ेर सारे कहने वाले होंगे
बल्कि इसलिए
कि कोई होगा
जो उस वक्त भी सुनने के लिए तैयार होगा।
सुन लेना
कह देने से,
बड़ी चीज़ होती है।

## रेल-२

बोर्डिंग स्टेशन और गंतव्य स्टेशन के बीच
कितने ही स्टेशन
हमारी आँखों से होकर निकल जाते है,
और ट्रैन में बैठे हम
बस देख पाते है उन्हें एक नज़र भर,
देख पाते है उन्हें केवल
गुजरते,
अपनी आँखों के आगे से ओझल हो जाते हुए।

रेल जितना ले जाती है
उससे कहीं ज्यादा रोकती है
हमें कहीं और चले जाने से,
टिकट इस बात को सुनिश्चित करते है
कि हम मनचाहे स्टेशन पर
एवंइ न उतर जाएं।

गंतव्य की ओर बढ़ता मैं
इससे अवगत हूं
कि गंतव्य
कितना ही भव्य जंक्शन क्यों न हो
सफ़र में छूटे कुल जमा हॉल्ट से

हमेशा कम रहेगा।

हम जितना पाते नहीं
उससे कहीं ज्यादा खोते है,
जितना मिलता है हमें
उससे कहीं ज्यादा छूट जाता है,
सफ़र कहीं पहुँचने का
किसी को पा लेने का, किसी से मिल लेने का
होता ही नहीं,
वह होता है कहीं न पहुँच पाने का
किसी को खो देने का
बहुत कुछ छोड़ते चले जाने का।

# गीत

## मैं एक दीवाना बंजारा

मैं एक दीवाना बंजारा
मेरा कोई ठौर-ठिकाना न
हर कोई मुझको पहचाने
पर एक न मुझको जाने हां!
मैं एक दीवाना बंजारा...

दरिया-दरिया, सहरा-सहरा
देखा मैंने बादल को
आसमान के चादर को
कि वो कैसे ढंग बदलता है
कहीं बरसता, कहीं बस होता
अलग सरीखे मिलता है
सहरा ऊसर-सूखा उसके
हिस्से हरदम तन्हाई
दरिया के सब दीवाने
कहते भीतर उसके हरियाली
मैं ठहरा अल्हड़ बंजारा
देखूँ खेला सारा बादल का
सहरा के कुछ हाथ नहीं
जो साथ नहीं है बादल का
मैं एक दीवाना बंजारा
मेरा कोई ठौर-ठिकाना न

हर कोई मुझको पहचाने
पर एक न मुझको जाने हां...

# राधा सी सूरत तेरी

तू जब भी मुझे बुलाये
मैं भागा दौड़ा आता हूँ
जब भी तू मुस्काए
मैं देख तुझे मुस्काता हूँ
तेरे चेहरे से रोशन
मुझे चाँद-सितारे लगते है
तेरी ही बातें करते
तेरे दीवाने लगते है
राधा सी सूरत तेरी
मैं दूर तलक ना किसना
यह सोच-सोच कर पछताऊँ
ऐसे होना भी है होना...

तू बैठी यमुना तीरे
मैं बैठा यमुना तीरे
तू दुनिया सारी देखे
मैं सारी दुनिया तुझमें
सब ही तेरे दीवाने
उसमें मैं भी हूँ एक दीवाना
मुझसे बेहतर कितने ही
तुझसे बेहतर कोई ना
राधा सी सूरत तेरी

मैं दूर तलक ना किसना
यह सोच-सोच कर पछताऊँ
ऐसे होना भी है होना...

# ज़िंदगी बता

ज़िंदगी बता
मैं तुझसे ऐसा क्या कहूँ
मैं कुछ भी ऐसा क्या करूँ
कि तू भी मुझको जान ले
अपना मुझको मान ले
मैं तेरा ही गीत हूँ
गुनगुना न मुझको एकबार
बस तेरा ही मीत हूँ
निभा न मुझसे एकबार
ज़िंदगी
बता न! मुझसे एकबार
कि मैं तुझसे ऐसा क्या कहूँ
मैं कुछ भी ऐसा क्या करूँ
कि तू भी मुझको जान ले
अपना मुझको मान ले...

## ये दुनिया

ये दुनिया भागम-भागी है
हर तरफ ही आपा-धापी है
ये दुनिया...ये दुनिया....

मिनटों का काम सेकेंडो में
होड़ लगी है बन्दों में
कौन कहाँ तक भागेगा
देर तलक जो जागेगा
इसी से निर्भर होना है
कौन खरा और खोटा है

दे दुनिया...ये दुनिया....
ये दुनिया भागम-भागी है
हर तरफ ही आपा-धापी है
ये दुनिया...ये दुनिया....

वो काला कुत्ता बाग के पीछे
जो मर गया बिन जीते-जीते
उसकी माँ अभी भी जागी है
ये दुनिया...ये दुनिया....
ये दुनिया भागम-भागी है
हर तरफ ही आपा-धापी है

ये दुनिया...ये दुनिया....

# राही

राही...राही...राही....
मैं तो इक तन्हा राही
तुझको तेरा घर मिले
जो मेरे हिस्से नाही
राही...राही...राही....
मैं तो इक तन्हा राही
तुझको वो सब कुछ मिलें
जो मेरे हिस्से नाही

तुम जो यहाँ पर हो नहीं
फिर भी यहीं क्यों रहती हो
दुनिया जहाँ को छोड़ परे
क्यों मुझसे ही बातें करती हो
पर क्यों फ़क़त बस ख़्वाब तलक
तुम मेरे किस्मत आई
क्यों सभी का हो करके
भी पास मेरे तन्हाई
राही...राही...राही....
मैं तो इक तन्हा राही
तुझको तेरा घर मिले

## जो मेरे हिस्से नाही

मैं कहीं भी जाता हूँ
सिर्फ तुम्ही को पाता हूँ
सिर्फ तुम्ही को गाता हूँ
सिर्फ तुम्ही को भाता हूँ
फिर क्यों तुम्हारा साथ भला
जहाँ के हिस्से जा मिला
क्यों मेरे घर से मुझको
आना इतनी दूर पड़ा
कितनी गुहार लगाई
जो कहीं पहुँच न पाई
कहीं पहुँच न पाई
जितनी गुहार लगाई

राही...राही...राही....
मैं तो इक तन्हा राही
तुझको तेरा घर मिले
जो मेरे हिस्से नाही।

## सरवन कोरी

7 नवंबर 1999 को पश्चिम बंगाल के एक बहुत छोटे से मोहल्ले ए.बी. पिट में जन्म, और वहीं से प्रारंभिक शिक्षा सम्पन्न। मूल-निवास उत्तरप्रदेश के प्रतापगढ़ जिले का एक गाँव बैरमपुर (जहाँ छुट्टियों और किस्तों में ही जाना सम्भव हो सका)। इलाहाबाद से इंटरमीडिएट। और फिर मेडिकल की प्रवेश परीक्षा (नीट) की तैयारी के सिलसिले में कोटा रहना हुआ। लॉकडाउन में कह देने की कचोट का उठना और साहित्य से भेंट। जिसके बाद उच्च शिक्षा के रूप में जर्नलिज्म एंड मास कम्युनिकेशन से स्नातक का चयन।
पेनफ्रेंड्स ऑफ इरशाद कामिल का सम्मानित सदस्य। और उसमें आयोजित कविता सम्बंधित प्रतियोगिताओं में साझा विजेता के रूप में चुने जाने का सम्मान। कविता "कुछ भी व्यर्थ न करना", "गिनतियाँ", और "पुल" के लिए डॉ० इरशाद कामिल द्वारा सराहना।
अपनी कविताओं से निजी जुड़ाव के कारण उन्हें संशय की दृष्टि से देखना। जिस कारण उन्हें प्रकाशित होने के लिए कहीं भेजनें से बचना।
स्व-प्रकाशन के माध्यम से कविता संग्रह "विरोहण" पहली किताब।

सम्पर्क :
ईमेल - korisharwan@gmail.com

www.ingramcontent.com/pod-product-compliance
Lightning Source LLC
LaVergne TN
LVHW041117150826
845673LV00007B/2099

* 9 7 9 8 8 9 1 8 6 5 0 1 3 *